Liebes MÄDCHEN du bist was ganz BESONDERES

OLIVIA WAGNER

Inhaltsverzeichnis

Liebes Mädchen,

Das Leben kann manchmal wie ein großes Abenteuer sein, voller Herausforderungen und Rätsel. Vielleicht denkst du manchmal: "Oh nein, das schaffe ich nie!" oder "Das ist zu schwer für mich."

In diesem Buch findest du eine Sammlung von Geschichten über Kinder wie dich. Kinder, die vor Herausforderungen standen, sich aber nicht davon abschrecken ließen. Kinder, die Mut bewiesen, auch wenn sie zuerst unsicher waren. Und Kinder, die trotz Zweifel an sich geglaubt haben.

Du kannst all das auch schaffen, solange du an dich glaubst. Und dieses Buch wird dir dabei helfen. Es wird dich daran erinnern, wie wunderbar und besonders du bist, egal was kommt. Denn vergiss niemals: Du bist genau richtig, so wie du bist und du wirst immer geliebt!

Ich wünsche dir viel. Spaß beim Lesen!

Deine Olivia Wagner

Olivia auf fremden Planeten

Hast du dich jemals gefragt, wie es ist, zu fernen Planeten zu reisen und die Geheimnisse des Universums zu erforschen? Nun, lass mich dir von einer Astronautin namens Olivia erzählen, die nichts lieber mochte, als durch das Weltall zu reisen und auf jedem neuen Planeten, den sie entdeckte, ihre Spuren zu hinterlassen. Doch eines

Tages nahmen ihre interstellaren Abenteuer eine unerwartete Wendung, die sie dazu brachte, die wahre Bedeutung von Freundschaft und Akzeptanz zwischen den Sternen zu entdecken.

Es war einmal in einer weit, weit entfernten Galaxie, wo eine Astronautin namens Olivia lebte. Sie war im gesamten Kosmos bekannt für ihre unstillbare Neugier und ihre Liebe, auf verschiedene Planeten zu reisen. Olivia hatte eine besondere Tradition, die sie über alles schätzte: Sie setzte ihre Flagge auf jeden Planeten, den sie besuchte, ein Zeichen ihrer Erkundungen, das sich wie ein bunter Teppich ihrer Abenteuer über das Universum erstreckte.

Eines Tages, als Olivia auf einen neuen, unerforschten Planeten landete, spürte sie den Nervenkitzel des Unbekannten in ihren Adern. Sie pflanzte aufgeregt ihre Flagge und während sie ihr Werk bewunderte, hörte sie ein eigenartiges Rascheln im nahegelegenen Gebüsch. Vorsichtig wandte Olivia sich dem Geräusch zu, ihr Astronautenhelm verbarg ihre Miene aus Neugierde gemischt mit Vorsicht.

Aus den Schatten trat ein kleines grünes Alien hervor, wie Olivia es noch nie zuvor gesehen hatte. Das Alien hatte drei Augen und in jedem glitzerte ein schelmisches Leuchten. Olivias Herz klopfte heftig, als sie sich an die Geschichten erinnerte, die sie über gefährliche Außerirdische gehört hatte.

Sie trat einen Schritt zurück, bereit für eine schnelle Flucht, aber zu ihrer Überraschung streckte das Alien seine Gliedmaße aus und nahm Olivias Flagge. Olivias Augen weiteten sich vor Erstaunen, als das Alien davonhuschte und die Flagge wie ein triumphierender Eroberer in die Luft schwang. Olivia hatte keine andere Wahl, als dem kleinen grünen Wesen zu folgen.

Während die Verfolgungsjagd weiterging, wich Olivias anfängliche Angst einem seltsamen Gefühl der Aufregung. Es war fast wie ein kosmisches

Fangspiel, und Olivia konnte nicht anders, als zu lachen, als das Alien sie zu einem fröhlichen Tanz durch die außerirdische Landschaft führte. Schließlich führte ihr hektischer Lauf sie zum Eingang einer dunklen, düsteren Höhle, und die untergehende Sonne erinnerte Olivia an die bevorstehende Nacht.

Zögernd begaben sich Olivia und ihr neuer Alien-Begleiter in die Höhle, auf der Suche nach Schutz vor der Dunkelheit, die nun den Planeten umgab. Olivia saß da, ihr Herz pochte immer noch, während sie über die seltsame Wendung der Ereignisse nachdachte. Sie konnte nicht anders, als sich über die wahren Absichten des Aliens zu wundern.

Gerade als Olivias Zweifel zu wachsen begannen, erschien das kleine grüne Alien wieder am Eingang der Höhle, seine drei Augen funkelten vor Aufregung. Es schien begeistert zu sein, Olivia zu sehen, und Olivia spürte ein Verständnis zwischen ihnen, das Sprache und Aussehen überwand. Es war dann, dass Olivia erkannte, dass das Alien keinen Schaden anrichten wollte; es suchte nur einen Freund in dieser weiten, unerforschten Welt.

Während die Nacht fortschritt, kauerten Olivia und ihr Alien-Freund zusammen in der Höhle, teilten Geschichten und Lachen. Olivia lernte über die Kultur des Aliens und seine Welt, während das Alien mit Faszination Olivias Geschichten intergalaktischer Abenteuer hörte.

Aber als Olivia gerade dabei war, in den Schlaf zu gleiten, erklang ein bedrohliches Knurren aus der Dunkelheit draußen. Ein riesiges Wesen näherte sich ihrer Höhle, seine drohenden Augen auf Olivia und das Alien gerichtet. Angst ergriff Olivias Herz, aber bevor sie reagieren konnte, ließ das Alien einen furchterregenden Brüller los, seine drei Augen loderten vor Wut.

Das Wesen, durch den furchteinflößenden Auftritt des Aliens überrascht und eingeschüchtert, zog sich in die Nacht zurück. Olivias Herz schwoll vor Dankbarkeit für ihren neuen Freund, dessen Mut ihr Leben gerettet hatte.

Die ganze Nacht hindurch schmiedeten Olivia und das Alien eine unzerbrechliche Bindung. Sie lachten, teilten Geschichten und sangen sogar Lieder unter dem sternklaren Himmel der alien Welt. Es war eine Nacht, an die sich keiner von beiden jemals vergessen würde, eine Nacht, die bewies, dass Freundschaft selbst an den unerwartetsten Orten gedeihen konnte.

Als Olivia jedoch am nächsten Morgen aufwachte, war das kleine grüne Alien verschwunden. Panik und Traurigkeit stiegen in ihr auf, als sie verzweifelt nach ihrem Freund suchte. Nach einer gefühlten Ewigkeit fand Olivia schließlich das Alien zurück an ihrer Rakete, eingekuschelt und schnarchend in ihrem Bett.

Olivia konnte sich ein Lächeln nicht verkneifen. Das Alien hatte in ihrem Herzen und in ihrer Rakete einen bequemen Platz gefunden, und Olivia wusste, dass ihre Freundschaft eine dauerhafte sein würde. Während sie sich darauf vorbereitete, ihre Weltraumabenteuer fortzusetzen, erkannte Olivia, dass Freundlichkeit und Akzeptanz jede Kluft überbrücken konnten, egal wie weit, und dass wahre Freunde an den unerwartetsten Orten zu finden sind, selbst unter den Sternen.

Mit ihrem treuen Alien-Begleiter an ihrer Seite setzte Olivia ihre Reise durch das Universum fort, ein Zeugnis für die Kraft der Freundschaft und die Schönheit, Unterschiede zu akzeptieren. Und als sie ihre Flagge auf jeden neuen Planeten setzte, tat sie dies mit einem Herzen voller Dankbarkeit und Liebe für die unglaubliche Vielfalt des Universums.

Unerwartete Pfade

Träumst du manchmal davon, einer Leidenschaft nachzugehen, etwas, das du so sehr liebst, dass es dein Herz mit Begeisterung erfüllt? Lerne Lisa kennen, eine junge Fußballbegeisterte mit Träumen so groß wie das Fußballfeld selbst. Ihre Geschichte handelt von Träumen, Entschlossenheit und den überraschenden Wendungen, die das Leben manchmal bereithält.

Lisas Welt drehte sich um Fußball. Seit dem Moment, in dem sie einen Ball treten konnte, hatte sie sich vorgenommen, eine professionelle Fußballspielerin zu werden, und ihr Herz war darauf eingestellt, die Star-Torhüterin des Teams zu werden. Sie trainierte unermüdlich, um ihre Fähigkeiten zu verbessern, und sehnte den Tag herbei, an dem sie sich für das örtliche Jugendfußballteam ausprobieren könnte.

Als Lisa älter wurde, konnte sie es kaum erwarten, sich für das örtliche Fußballteam zu bewerben. Das war ihr Ticket, um ihren Traum zu verwirklichen, glaubte sie zumindest. Mit unerschütterlichem Vertrauen betrat sie das Probefeld, ihre Handschuhe bereit und ihr Herz schlug schnell. Der Trainer beobachtete sie genau, beeindruckt von ihren Fähigkeiten. Doch als die Teamzuweisungen bekannt gegeben wurden, sank Lisas Herz. Sie wurde nicht als Torhüterin des Teams ausgewählt, die Rolle, die sie sich so lange erträumt hatte.

Tränen stiegen Lisa in die Augen, als sie ihren Namen als Verteidigerin sah. Wie konnte das sein? Sie hatte Jahre damit verbracht, ihre Fähigkeiten als Torhüterin zu perfektionieren, und jetzt sollte sie das Tor verteidigen, anstatt es zu hüten? Es fühlte sich wie eine grausame Fügung des Schicksals an. Die Enttäuschung nagte an ihr, und sie erwog ernsthaft, das Team ganz aufzugeben.

An jenem Abend, als Lisa niedergeschlagen in ihrem Zimmer saß, betrat ihre Mutter mit einem Teller warmer Kekse und einem offenen Ohr den Raum. Lisa ließ ihrer Frustration, ihren zerstörten Träumen und ihrem Wunsch, das Team zu verlassen, freien Lauf. Ihre Mutter erinnerte sie mit einem sanften Lächeln an die Bedeutung, neue Möglichkeiten anzunehmen und ihr Bestes zu geben, auch in unbekanntem Terrain.

"Lisa", sagte ihre Mutter, "manchmal lenkt uns das Leben in unerwartete Richtungen. Gib nicht auf, nur weil die Dinge nicht nach Plan gelaufen sind.

Akzeptiere diese neue Rolle, und wer weiß, sie könnte zu etwas Wunderbarem führen."

Ihre Mutter Worte hallten in Lisas Kopf wider, und sie beschloss, ihrem Rat zu folgen. Mit neuer Entschlossenheit stürzte sich Lisa in ihre Rolle als Verteidigerin. Sie betrachtete das Spiel aus einer anderen Perspektive, lernte, die Züge des Gegners vorauszusehen, und arbeitete unermüdlich daran, ihre Defensivfähigkeiten zu stärken.

Im Laufe der Saison begann Lisa als Verteidigerin zu glänzen. Ihre Teamkollegen erkannten schnell ihr Engagement und ihre Fähigkeitgkeit. Sie lobten sie für ihre unglaublichen Zweikämpfe, ihre präzisen Pässe und ihre Fähigkeit, das Spiel zu lesen. Langsam aber sicher wurde Lisa zu einem integralen Bestandteil des Teams, und sie spürte die Kameradschaft und Unterstützung ihrer Teamkollegen wie nie zuvor.

An einem schicksalhaften Tag wurde die Stammtorhüterin krank, und das Team brauchte eine Vertretung. Lisa wurde gebeten, in die Rolle zu schlüpfen, von der sie immer geträumt hatte. Der Moment war gekommen, und ihr Herz schlug vor Aufregung, als sie erneut die Torhüterhandschuhe anzog. Aber während des Spiels erkannte Lisa etwas Unerwartetes. Sie fand die Rolle der Torhüterin nicht so angenehm, wie sie es sich vorgestellt hatte. Der Druck, das Tor zu bewachen, die Last jedes auf sie gerichteten Schusses, es fühlte sich nun anders an.

Nach dem Spiel führte Lisa ein ernstes Gespräch mit ihrem Trainer. Sie drückte ihre Dankbarkeit für die Gelegenheit aus, gestand jedoch, dass ihre wahre Leidenschaft im Verteidigen lag. Der Trainer verstand und respektierte ihre Entscheidung. Lisa hatte eine wichtige Lektion gelernt – manchmal ändern sich unsere Träume, und das ist völlig in Ordnung.

Im Laufe der Jahre zeichnete sich Lisa weiterhin als Verteidigerin aus. Talentsucher von Universitäten wurden auf ihre Fähigkeiten aufmerksam, und sie erhielt ein Stipendium, um Fußball an einer Universität zu spielen, die für ihre starke Verteidigung bekannt war. Sie umarmte ihre Position, wissend, dass sie sich dort zu Hause fühlte, wo sie am meisten Spaß hatte und am meisten zum Team beitragen konnte.

Lisas Reise von einer hoffnungsvollen Torhüterin zu einer engagierten Verteidigerin war ein Zeugnis ihrer Anpassungsfähigkeit und der unschätzbaren Lektion, die sie unterwegs gelernt hatte. Ihre Leidenschaft für Fußball blieb konstant, aber der Weg, den sie eingeschlagen hatte, führte sie zu einer anderen Art von Größe. Lisa wusste, dass Träume sich ändern können, aber der Entschluss, in jeder Rolle hervorzuragen, würde immer ihr Leitstern sein.

Also, junger Träumer, erinnere dich an Lisas Geschichte, wenn das Leben unerwartete Wendungen nimmt. Akzeptiere neue Chancen, gib in jeder Situation dein Bestes und sei offen dafür, dass sich deine Träume weiterentwickeln können. Am Ende geht es nicht nur um die Position, die du spielst, sondern um die Freude und Erfüllung, die du im Spiel des Lebens findest.

Navigatorin Zoe

Hast du jemals auf das weite Meer geblickt und dich gefragt, wie es wäre, jeden Winkel zu erkunden, unerforschte Gewässer zu kartografieren und verborgene Schätze zu suchen? Erlaube mir, dir Zoe vorzustellen, ein junges Mädchen mit einem Traum so grenzenlos wie der

Ozean selbst. Ihre Geschichte handelt von Mut, Entschlossenheit und dem unerschütterlichen Streben nach ihren Träumen auf hoher See.

Im malerischen Küstendorf Corsair's Cove, wo die salzige Brise die Wangen der Dorfbewohner küsste und die Möwen ihre endlosen Lieder sangen, lebte ein junges Mädchen namens Zoe. Mit ihren feurig roten Haaren und einem Herzen voller Neugier hegte sie einen Traum, der sie von den anderen unterschied. Zoe strebte danach, eine erfahrene Navigatorin zu werden, nicht auf irgendeinem Schiff, sondern als Teil einer wagemutigen Piratencrew. Sie sehnte sich danach, das gesamte Meer zu kartografieren, seine Geheimnisse zu enträtseln und die Geheimnisse unter den rollenden Wellen zu entdecken.

Ihr Zimmer war mit Karten, Plänen und Navigationsinstrumenten geschmückt. Nachts vertiefte sie sich in alte Schriften über die Kunst der Navigation, ihr Verstand absorbierte jedes

Detail, jeden Stern am Nachthimmel und jede Wendung der Meeresströmungen. Ihr Mentor, Edwardo, war der aktuelle Navigator des Schiffes, und er erkannte Zoes Leidenschaft und Hingabe. Geduldig lehrte er ihr die Wege des Meeres, vom Lesen der Sterne bis zur Deutung der Launen des Wetters. Zoe hörte aufmerksam zu, immer mit ihrem Notizbuch bereit, um Notizen zu machen und Karten ihrer Reisen zu skizzieren. Sie war entschlossen, bereit zu sein für den Tag, an dem sie ihre eigene Crew sicher durch gefährliche Gewässer führen könnte.

Eines Tages, als ihr Piratenschiff, die Crimson Marlin, friedlich unter der strahlenden Sonne segelte, traf sie das Unglück. Feindliche Piraten, deren Segel mit bedrohlichen schwarzen Flaggen geschmückt waren, griffen sie mit donnerten Kanonen an. Zoes Crew kämpfte tapfer, aber der Angriff war zu heftig. Im Chaos wurde entschieden, sich zu zerstreuen und sich später am Parrot Cove wieder zu treffen. Während ihre Crewmitglieder flohen, fand sich Zoe in die Enge getrieben und wurde von den feindlichen Piraten gefangen genommen.

Sie wurde gefesselt und auf ihr Schiff, die Tempest Fury, gebracht. In den Eingeweiden des feindlichen Schiffes brannte ihr Entschluss heller denn je. Mit den Fähigkeiten, die sie geschärft hatte, gelang es Zoe, das Schloss ihrer Zelle mit einem verbogenen Draht, den sie versteckt hatte, zu knacken. Schnell und leise schlich sie durch die dunklen Gänge des Schiffes, bis sie ein kleines Ruderboot erreichte. Mit pochendem Herzen und Entschlossenheit in ihren Augen löste sie es und ließ es in die offene See treiben.

Allein auf dem weiten Ozean sah sich Zoe gefährlichen Gewässern gegenüber, kämpfte gegen heftige Stürme und hohe Wellen. Zweifel und Traurigkeit krochen in ihr Herz, als sie sich fragte, ob sie jemals den Weg zu ihren Crewmitgliedern und Edwardo zurückfinden würde. Aber sie konnte nicht aufgeben.

Eines Tages, als sie eine unbekannte Insel erkundete, um ihre schwindenden Vorräte aufzufüllen, stieß Zoe auf eine Frucht, die sie von ihren vorherigen Reisen kannte. Ein Gefühl der Hoffnung erwachte in ihr.

Sie erkannte, dass sie nicht weit von Parrot Cove entfernt war, dem Treffpunkt für ihre Crew. Mit neuer Entschlossenheit korrigierte Zoe ihren Kurs und setzte ihre Reise fort.

Nach einer herausfordernden Fahrt entdeckte sie endlich die vertrauten Segel der Crimson Marlin am Horizont. Freudentränen stiegen in ihren Augen auf, als sie sich mit ihren Crewmitgliedern und Edwardo wiedervereinigte. Zoe hatte sich nicht nur als versierte Navigatorin, sondern auch als widerstandsfähige und einfallsreiche Piratin bewiesen. Ihre Crew respektierte sie, und sie hatte ihren verdienten Platz als Schiffs-Navigatorin eingenommen.

Als sie gemeinsam segelten, unerforschte Gewässer kartografierten und verborgene Schätze suchten, war Zoes Traum wahr geworden. Sie hatte gezeigt, dass Beharrlichkeit, Selbstvertrauen und die Anwendung von Wissen und Fähigkeiten in schwierigen Situationen zum Erfolg führen können.

Ihre Reise war ein Leuchtfeuer der Inspiration für alle, die es wagten, ihren Träumen nachzugehen, selbst inmitten von Unsicherheit und Widrigkeiten.

Avas musikalische Reise

Hast du jemals davon geträumt, vor einem großen Publikum aufzutreten, deine Talente und Leidenschaften zu präsentieren, aber dich von Lampenfieber überwältigt gefühlt? Vielleicht wolltest du deine Fähigkeiten mit der Welt teilen, genau wie Ava.

Ava war ein junges Mädchen mit einer tiefen Leidenschaft für das Trommeln. Sie konnte rhythmische Beats mit Stiften, Bleistiften und sogar durch sanftes Klopfen ihres Fußes erzeugen. Ihre Liebe zum Trommeln veranlasste ihre Eltern, ihr zum Geburtstag ein Schlagzeug zu schenken, und von diesem Tag an spielte sie es mit unerschütterlicher Begeisterung.

Ava träumte davon, eine der besten Schlagzeugerinnen der Welt zu werden. Eines Tages bot sich ihr eine aufregende Gelegenheit, als ihre Schule eine Talentshow ankündigte. "Das ist es! Ich kann endlich meine Fähigkeiten präsentieren", rief sie aus.

Ava übte unermüdlich jeden Tag bis zum Ereignis, sie steckte ihr ganzes Herz und ihre Seele in ihr Trommeln. Der Tag der Talentshow kam, und Ava betrat nervös die Bühne, bereit, das zu performen, was sie so fleißig geübt hatte. Doch als sie an ihrem Schlagzeug saß und auf das gespannte

Publikum blickte, ergriff die Angst sie, und ihre Hände begannen zu zittern. Überwältigt rannte Ava von der Bühne und ließ das Publikum verwirrt zurück.

Ihre Lehrerin kam auf sie zu und fragte, ob sie immer noch auftreten wollte, aber Ava schüttelte den Kopf und fühlte sich tief durch ihren Rückzug gedemütigt. Sie fragte sich, wie sie jemals eine fantastische Musikerin werden könnte, wenn sie nicht einmal mit einer schulischen Talentshow umgehen könnte. An diesem Abend konnte Ava sich nicht überwinden, ihr Schlagzeug anzurühren, und ging mit einem schweren Herzen zu Bett.

Am nächsten Tag hielt sich Ava an der Schule zurück und schämte sich immer noch für ihr Verhalten vom Vortag. Aber dann geschah etwas Unerwartetes. Zwei Mädchen hielten sie im Flur an und anstatt sie zu hänseln, fragten sie: "Hey, spielst du Schlagzeug, oder?" Ava war überrascht, aber nickte als Antwort.

"Das ist fantastisch! Ich bin Ricardo, und das ist Antonio. Wir suchen einen Schlagzeuger, um eine Band zu gründen. Wärst du interessiert?" fragte Ricardo. "Natürlich, wir müssten dich aber zuerst spielen hören", fügte Antonio mit einem Lachen hinzu.

Ava zögerte einen Moment und zögerte. "Ist es euch egal, dass ich gestern von der Bühne gerannt bin?" fragte sie mit zitternder Stimme.

"Überhaupt nicht", antwortete Ricardo. "Lampenfieber passiert den Besten von uns, besonders beim ersten Mal."

Ava konnte nicht anders als zu lächeln und fühlte eine Erleichterung. Nach der Schule gingen sie zu dritt zu Avas Haus, und sie setzte sich an ihr Schlagzeug. Im Gegensatz zum lähmenden Lampenfieber, das sie zuvor erlebt hatte, nahm Ava ihre Drumsticks auf und begann mit Begeisterung und Freude zu spielen. Als der

Rhythmus durch sie hindurchfloss, hatte sie sogar Spaß daran.

Als sie fertig war, sahen Ricardo und Antonio sie voller Bewunderung an. "Das war unglaublich!" rief Antonio aus. "Mit deinen Fähigkeiten könnten wir den Bandwettbewerb in zwei Monaten gewinnen!"

Aufregung erfüllte Avas Herz, und das Trio übte in den nächsten zwei Monaten fleißig für den Wettbewerb. Ihre Reise begann holprig, als sie lernten, gemeinsam zu spielen. Ricardo, ein Gitarrist, hatte anfangs Schwierigkeiten, mit Ava zu spielen, da er noch nie mit einer Schlagzeugerin gespielt hatte. Doch mit der Zeit und Übung begannen sie, ihre Talente zu harmonisieren und schöne Melodien aus zufälligen Beats zu schaffen. Antonio steuerte Texte bei, und ihre Band begann Form anzunehmen.

Je mehr sie übten, desto zuversichtlicher wurden Ricardo und Antonio hinsichtlich des Wettbewerbs. Im Gegensatz dazu wuchs Avas Nervosität mit jedem Tag. Ricardo bemerkte ihre Angst und blieb oft nach dem Üben zurück, um ihr Worte der Ermutigung zu geben. "Du schaffst das, Ava. Dein Talent ist unbestreitbar, und zusammen werden wir den Wettbewerb rocken!" versicherte er ihr.

Ava nickte und konnte sogar ein schwaches Lächeln hervorbringen, aber tief im Inneren spürte sie immer noch die vertrauten Nerven. Die Nacht des Wettbewerbs kam, und Ava spähte hinaus, um die große Menge zu sehen, die sich versammelt hatte. Zu ihrer Überraschung war sie sogar größer als das Publikum bei der schulischen Talentshow. Ricardo legte tröstend eine Hand auf ihre Schulter, was sie erschreckte.

"Geht es dir gut?" fragte er besorgt.

"Ich bin einfach so nervös", gab Ava zu. "Was ist, wenn wir nicht gut abschneiden?"

Ricardo lächelte warm. "Denk nicht daran. Konzentriere dich auf die unglaubliche Musik, die wir gleich kreieren werden."

Der Moment kam, und die Band wurde angekündigt. Ava, Ricardo und Antonio betraten die Bühne und nahmen ihre Positionen ein. Ava wartete auf ihr Signal, aber als sie aufblickte, bemerkte sie, dass Ricardo und Antonio erstarrt waren, ihre Gesichter von Nervosität gezeichnet.

Es überraschte Ava, und auf seltsame Weise erleichterte es sie. Sie war nicht die Einzige, die vor einem Publikum mit Angst zu kämpfen hatte. Ava schöpfte Mut und tat etwas, was sie nie für möglich gehalten hätte. Sie hob ihre Drumsticks, klopfte sie zusammen und begann einen Beat zu spielen.

Der rhythmische Klang riss Ricardo und Antonio aus ihrer Starre. Sie sahen zu Ava, die mit einem strahlenden Lächeln spielte, und stiegen ein, von Ohr zu Ohr grinsend. Das Publikum jubelte, als sie auftraten, und am Ende des Wettbewerbs erhielt die Band den zweiten Platz.

"Ich kann nicht glauben, dass wir es geschafft haben!" rief Ricardo aus.

"Ja, und das alles dank Ava. Du bist mutiger als wir dachten!" fügte Antonio hinzu und klopfte Ava auf den Rücken.

"Danke, aber ihr habt mich auch besser fühlen lassen. Ich hatte Angst, dass ich die Einzige wäre, die nervös wäre, aber weil ihr mit mir nervös wart, hat es mich wohl fühlen lassen", gestand Ava mit einem Achselzucken.

"Nun, wir verstehen jetzt, warum du an dem Tag von der Bühne gerannt bist. Eine große Menschenmenge kann furchterregend sein", erkannte Ricardo an.

Die Band nahm stolz ihren zweiten Platz mit nach Hause und schwor, sich weiter zu verbessern. Sie übten ein paar Tage in der Woche, aber Ava übte jeden Tag Schlagzeug, fest entschlossen, die beste Schlagzeugerin der Welt zu werden. Die Band nahm an weiteren Wettbewerben teil und kehrte sogar zur schulischen Talentshow zurück.

Obwohl Ava immer noch nervös war, lernte sie, dass sie in ihren Ängsten nicht allein war und dass sie sich immer auf ihre Bandkollegen verlassen konnte. Die Geschichte ermutigt junge Träumer, ihre Ängste und Sorgen zu überwinden, in dem Wissen, dass selbst die talentiertesten Personen Lampenfieber erleben können. Also, junger Träumer, denk daran, dass du nicht allein bist und dass manchmal die Menschen um dich herum die gleichen Ängste teilen können. Mit Entschlossenheit und Unterstützung kannst du leuchten und deine Träume verfolgen, genauso wie Ava und ihre Bandkollegen.

Lunas süße Träum

Hast du jemals von einem so süßen, so köstlichen Traum gehabt, dass es sich anfühlte wie ein geheimes Rezept, versteckt in deinem Herzen? Nun, die junge Luna ganz sicher. Sie hatte eine Leidenschaft, die ihre Seele entfachte, eine Leidenschaft für das Backen, die so einzigartig und außergewöhnlich war wie eine seltene Zutat, die darauf wartete, entdeckt zu werden. Aber in einer

Welt, in der nicht jeder die Magie ihres Traums verstand, musste Luna den Mut finden, zu beweisen, dass sie die köstlichsten und einzigartigsten Leckereien kreieren konnte, auch wenn sie auf Skepsis und Spott stieß.

Luna lebte in einer malerischen kleinen Stadt, in der sich alles um Baseball drehte, und ihr älterer Bruder Alberto war der Star-Pitcher des örtlichen Teams. Die Jungs in der Nachbarschaft verbrachten ihre Tage auf dem Baseballfeld, während Luna, mit ihrer Schürze fest um die Taille gebunden, Trost in der warmen Umarmung der Küche fand. Backen war ihre Welt, ihr Zufluchtsort und ihre einzige wahre Liebe.

Jeden Nachmittag, wenn der Duft frisch gebackener Kekse, Torten und Kuchen durch das Haus strömte, kam Alberto mit einem breiten Grinsen vom Training nach Hause. Er wusste, dass die kulinarischen Kreationen seiner kleinen Schwester auf ihn warteten, und er war immer bereit, ihr erster Geschmackstester zu sein. Lunas Kekse waren seine Lieblinge, und er prahlte oft bei seinen Teamkollegen über ihre Backkünste.

Aber nicht jeder teilte Albertos Begeisterung. Einige seiner Baseball-Kumpels konnten nicht verstehen, warum ein Mädchen wie Luna ihre Zeit lieber in der Küche verbringen wollte, anstatt die Spiele von den Tribünen aus anzuschauen. Sie hänselten sie gnadenlos, nannten sie "Backmädchen" und machten Witze darüber, Kekse gegen Baseballs zu tauschen.

An einem sonnigen Samstagnachmittag, als sich das örtliche Baseballteam auf ein entscheidendes Spiel gegen ihre Rivalen vorbereitete, hörte Luna die Spötteleien und das Gelächter der Jungs. Etwas in ihr brach, und sie wusste, dass es an der Zeit war, nicht nur ihnen, sondern auch sich selbst ihren Wert zu beweisen.

Mit Entschlossenheit, die heller brannte als die Flamme des Ofens, schmiedete Luna einen Plan. Sie würde bei dem Baseballspiel einen Backstand aufstellen und allen zeigen, wie außergewöhnlich ihre Leckereien waren. Sie verbrachte Tage damit, ihre Rezepte zu perfektionieren und eine Vielzahl von köstlichen Süßigkeiten zu kreieren, die genauso schön wie lecker waren.

Der Tag des großen Spiels kam, und Lunas Backstand stand stolz in der Nähe der Tribünen. Zuerst amüsierten sich die Spieler und Zuschauer über den Anblick eines Mädchens, das bei einem Baseballspiel Kekse und Kuchen anbot. Aber die Neugier siegte, und einer nach dem anderen näherte sich ihrem Stand.

Luna begrüßte jeden Kunden mit einem warmen Lächeln und bot ihnen eine Kostprobe ihrer Kreationen an. Als sie den ersten Bissen nahmen, weiteten sich ihre Augen überrascht. Diese Leckereien waren anders als alles, was sie je zuvor probiert hatten. Die Aromen tanzten auf ihren Geschmacksknospen, und sie konnten nicht widerstehen, noch mehr zu probieren.

Das Wort verbreitete sich schnell, und bald bildete sich eine Schlange an Lunas Stand. Ihre Backwaren waren so beliebt, dass selbst die Spieler nicht widerstehen konnten und zwischen den Innings schlemmten. Die einst skeptischen Teamkollegen, die sie verspottet hatten, lobten sie nun und ermutigten alle, ihre Leckereien zu probieren.

Während das Spiel fortschritt, wurde Lunas Stand zum Mittelpunkt der Aufregung. Das Geld, das sie mit dem Verkauf ihrer Leckereien verdiente, häufte sich an. Als die letzte Spielrunde zu Ende ging und das örtliche Team als Sieger hervorging, brach die Menge in Jubel aus.

Luna hatte nicht nur die Spieler überzeugt, sondern auch dem Team geholfen, genug Geld für neue Uniformen und Ausrüstungen zu sammeln. Ihre Leidenschaft fürs Backen hatte einen echten Unterschied gemacht, und die einst skeptische Menge bewunderte sie nun für ihre Hingabe und ihr Talent.

Die Geschichte von "Backmädchen" Luna wurde zur Legende in ihrer Stadt. Sie setzte ihre Träume fort, und ihre Backabenteuer wurden mit der Zeit noch außergewöhnlicher. Aber noch wichtiger war, dass sie allen eine wertvolle Lektion erteilt hatte: ihren Leidenschaften und Träumen zu folgen, egal wie unkonventionell sie erscheinen mögen, und an sich selbst und ihre Fähigkeiten zu glauben.

Also, junger Leser, erinnere dich an Lunas Geschichte und die Lehre, die sie vermittelt. Hab keine Angst, deinen Träumen nachzujagen, egal was sie sein mögen. Du weißt nie, wann deine einzigartige Leidenschaft nicht nur dein eigenes Leben bereichern, sondern auch das Leben der Menschen um dich herum verschönern könnte.

Der Weg zur Tapferkeit

Hast du dich schon einmal gefragt, ob Mut aus den unerwartetsten Quellen kommen kann? Lass mich dir eine Geschichte über ein junges Mädchen namens Sophia erzählen, deren Reise, um ihren Mut zu beweisen, sie auf ein Abenteuer jenseits ihrer kühnsten Träume führen wird.

In einem friedlichen Königreich, eingebettet zwischen majestätischen Bergen und sanften Wiesen, lebte ein junges Mädchen namens Sophia. Sophia war im gesamten Königreich als schüchtern und ängstlich bekannt.

Sie war das Mädchen, das bei dem Geräusch eines brechenden Zweigs im Wald zusammenzuckte und kaum ein Gespräch ohne zu erröten führen konnte. Aber unter ihrer schüchternen Fassade hegte Sophia einen starken Wunsch, sich zu beweisen und einen Namen im Königreich zu machen. Sie sehnte sich nach der Chance zu zeigen, dass Tapferkeit selbst in den scheuesten Herzen erblühen konnte.

Ihre Gelegenheit kam an einem schicksalhaften Tag, als der König eine Herausforderung verkündete, die ihr Leben für immer verändern sollte. Der König, auf der Suche nach einem wahren Symbol für Tapferkeit, verkündete: "Wer eine Schuppe vom furchterregenden Drachen im

Tal zurückbringt, soll den Titel des tapfersten Ritters des Königreichs verdienen."

Sophias Herz raste bei dem Gedanken. Sie wusste, dass es ihre Chance war. Trotz ihrer Besorgnis entschied sie sich, sich auf die Quest zu begeben, um den Drachen zu konfrontieren. Ihre Reise begann im furchterregenden Wald der Trolle, einem Ort, an dem die Dunkelheit an den Bäumen hing wie ein Schleier.

Es dauerte nicht lange, bis Sophia auf einen beeindruckenden Troll traf, dessen Augen vor Schalk glänzten. "Und wohin denkst du zu gehen, Kleines?" knurrte er, über sie aufragend. Sophias Stimme bebte, aber sie weigerte sich zurückzustecken. "Ich werde den Drachen konfrontieren und eine Schuppe holen, um meine Tapferkeit zu beweisen", stammelte sie. Der Troll lachte, ein tiefes und dröhnendes Geräusch, das die Bäume erzittern ließ. "Du? Tapfer? Ich bezweifle es."

Aber Sophia war nicht jemand, der der Verzweiflung nachgab. Sie griff in ihre Tasche und zog einen glänzenden, polierten Spiegel heraus. Sie hielt ihn dem Troll vor das Gesicht, blendete ihn mit seinem eigenen Spiegelbild. Bevor er reagieren konnte, huschte sie an ihm vorbei und setzte ihre Quest fort.

Als sie tiefer in den Wald eindrang, wich Sophias Besorgnis der Entschlossenheit. Sie traf unterwegs unzählige Herausforderungen - Flüsse zu überqueren, Klippen zu erklimmen und Kreaturen zu überlisten. Jedes Mal verließ sie sich auf ihren Einfallsreichtum und ihr schnelles Denken, um die Hindernisse zu überwinden.

Schließlich, nach tagelanger unermüdlicher Anstrengung, erreichte Sophia die Höhle des Drachen. Ihr Herz pochte in ihrer Brust, als sie in die Höhle spähte, in der das riesige Biest schlief. Angst und Unsicherheit ergriffen sie, aber sie wusste, dass sie zu weit gekommen war, um jetzt umzukehren. Unter Einsatz jeder Faser ihres Mutes schlich Sophia in die Höhle, ihr Atem flach und ihre Schritte lautlos. Sie näherte sich dem Drachen, dessen Schuppen im schwachen Licht glänzten. Mit ruhigen Händen griff sie nach einer Schuppe an der Seite des Drachen.

Als sie sich aus der Höhle zurückzog, ihr Herz in der Kehle, erfand sie kluge Taktiken, um dem Zorn des Drachen zu entgehen. Der Drache regte sich, wachte aber nicht auf, was Sophia erlaubte, mit der kostbaren Schuppe zu entkommen.

Sophia kehrte ins Königreich zurück, ihre Hände zitterten, aber ihr Geist war triumphierend. Der König, als er die Schuppe sah, erkannte sie als die tapferste Ritterin an, obwohl sie nicht mit dem Drachen gekämpft hatte. Das Königreich feierte sie als Heldin, und Sophias Ruf als schüchternes Mädchen hatte sich für immer verändert.

Diese Geschichte erinnert uns daran, dass Tapferkeit sich in verschiedenen Formen manifestieren kann und dass wir alle die Fähigkeit haben, unseren Ängsten und Herausforderungen mit Entschlossenheit und Mut zu begegnen, auch wenn die Angst versucht, uns zurückzuhalten.
Also, junger Leser, erinnere dich an Sophias Geschichte und lass sie dich dazu inspirieren, deinen einzigartigen Weg zur Tapferkeit zu entdecken, egal wie schüchtern du dich manchmal fühlst.

Die Tage ohne Kräfte

Hast du je davon geträumt, außergewöhnliche Kräfte zu haben, wie die Fähigkeit zu fliegen oder übermenschliche Stärke? Stell dir vor, du könntest durch den Himmel gleiten und jedes Mal, wenn Gefahr droht, wie Emma, der jungen Superheldin der Stadt Suntropica, zur Rettung eilen. Emma war weit über die Grenzen hinaus für ihre unglaublichen Fähigkeiten bekannt, und ihre Geschichte handelt von Mut, Selbstfindung und der wahren Bedeutung, ein Held zu sein.

In der geschäftigen Stadt Suntropica, wo hohe Wolkenkratzer im Sonnenlicht glänzten und die Straßen vom Summen des Alltagslebens erfüllt waren, ragte Emma als Hoffnungsträgerin heraus. Mit ihrem wehenden Umhang und einem Herzen voller Entschlossenheit hatte sie die Kraft, einen Unterschied zu machen.

Emmas Reise, die Beschützerin von Suntropica zu werden, begann, als sie noch ein Kind war. Sie war immer anders als andere Kinder; schon als Kleinkind konnte sie mit erstaunlicher Leichtigkeit in die Luft springen. Als sie älter wurde, wurden ihre Kräfte offensichtlicher. Sie konnte Autos mit einer Hand heben, und ihre Geschwindigkeit war unübertroffen. Aber es waren nicht nur ihre physischen Fähigkeiten, die sie besonders machten; es war ihr unerschütterlicher Wunsch, denen zu helfen, die Hilfe brauchten.

An einem sonnigen Tag, als die Stadt ihrem Treiben nachging, tauchte eine finstere Gestalt namens Radiergummimann aus den Tiefen der Metropole auf. Er war Emma's bisher furchtbarster Gegner, bewaffnet mit einem teuflischen Plan, sie zu fangen und ihre Superkräfte mit einer mysteriösen Maschine zu löschen.

Radiergummi mann 's listiger Plan hatte Erfolg, so dachte er. Er hatte Emma gefangen genommen und die Maschine aktiviert, aber zu seiner Überraschung funktionierte sie nicht richtig und löste eine blendende Explosion aus. Als der Rauch sich verzogen hatte, war Emma wundersamerweise entkommen und schien unversehrt zu sein.

Doch als Emma zu ihrem täglichen Leben zurückkehrte, bemerkte sie etwas Seltsames. Ihre außergewöhnlichen Superkräfte waren mysteriöserweise verschwunden. Sie konnte nicht mehr durch den Himmel fliegen oder außergewöhnliche körperliche Leistungen erbringen. Ihr Herz sank, und ihr Geist fühlte sich schwer an.

Verzweifelt nach Antworten suchend, suchte Emma die Hilfe von Professor Warren, einem brillanten Wissenschaftler, der auf übermenschliche Phänomene spezialisiert war. Mit schwerem Herzen erklärte Professor Warren, dass die Strahlen, die Radiergummi mann benutzt hatte, ihre Kräfte vorübergehend entzogen hatten und sie für vierundzwanzig Stunden machtlos zurückließen.

Emma war am Boden zerstört, aber entschlossen, ihre Stadt nicht im Stich zu lassen. Als sie durch die Straßen von Suntropica ging, sah sie unzählige

Gelegenheiten, das Leben der Menschen zu verbessern, auch ohne ihre Superkräfte. Sie beschloss, auf eine andere Art ein Held zu sein, indem sie half und zur Verbesserung ihrer Gemeinschaft beitrug.

Sie half einer älteren Dame, sicher über die Straße zu kommen, und ihr Lächeln erhellte den Tag der alten Dame. Emma arbeitete ehrenamtlich in einem Tierheim und kümmerte sich um verlassene Haustiere in Not. Sie servierte Essen in einem Obdachlosenheim und brachte Wärme und Nahrung zu den Bedürftigen. Und sie beteiligte sich an einem Projekt zur Säuberung der Gemeinde, um vernachlässigte Orte in lebendige und einladende Plätze zu verwandeln.

Mit jedem vergehenden Moment wurde Emma bewusst, dass ein Heldentum nicht allein durch außergewöhnliche Fähigkeiten definiert wurde, sondern auch durch die Bereitschaft, auf jede erdenkliche Weise einen positiven Einfluss zu erzielen. Sie hatte die Kraft, Veränderungen zu inspirieren, Hoffnung zu bringen und ein Symbol der Freundlichkeit in einer Welt zu sein, die es manchmal am meisten brauchte.

Vierundzwanzig Stunden später, als die Sonne unter den Horizont sank, kehrten Emmas Superkräfte zurück. Doch sie hatte eine wertvolle Lektion gelernt während ihres Tages ohne sie. Sie beschloss weiterhin, Suntropica mit ihren außergewöhnlichen Fähigkeiten zu schützen, aber sie sorgte auch dafür, dass sie überall dort, wo sie konnte, Hilfe leistete.

Emmas Geschichte erinnert uns alle daran, dass wir alle das Potenzial haben, auf unsere eigene einzigartige Weise "super" zu sein, durch Akte der Freundlichkeit, des Mitgefühls und der Selbstlosigkeit. Also, junger Leser, für welche Art von Helden wirst du dich in deiner eigenen Gemeinschaft entscheiden? Wirst du Freundlichkeit verbreiten, Hilfe anbieten und einen positiven Einfluss auf die Welt um dich herum haben?

Denke daran, die Kraft, ein Held zu sein, liegt in dir und wartet darauf zu strahlen. Du brauchst keinen Umhang, um einen Unterschied zu machen; alles was du brauchst, ist ein gutes Herz und die Bereitschaft, denen zu helfen, die Hilfe brauchen.

Der Treue der Freundschaft

Hast du jemals die Wahl zwischen etwas gehabt, von dem du immer geträumt hast, und etwas, das sofortige Aufmerksamkeit erforderte? Vielleicht musstest du eine schwierige Entscheidung zwischen deinen persönlichen Zielen und der Pflege für jemanden oder etwas Wichtigem treffen. Lass uns in die Geschichte von Mia eintauchen, einer jungen Cowgirl mit einem großen Traum, und sehen, wie sie dieses herausfordernde Dilemma meisterte.

Mia wuchs auf einer Ranch auf, umgeben von verschiedenen Tieren, von flauschigen Küken über verspielte Ziegen bis hin zu mächtigen Rindern. Ihre tiefste Zuneigung galt jedoch den Pferden. Sie nicht nur verehrte sie, sondern schätzte auch das berauschende Gefühl, sie mit voller Geschwindigkeit zu reiten. Mias ultimativer Traum war es, eine professionelle Barrel-Racerin zu werden. Für diejenigen, die mit der Sportart nicht vertraut sind, beinhaltet Barrel Racing das Reiten um Fässer herum, wobei Präzision und Geschwindigkeit der Schlüssel zum Erfolg sind. Mia hatte bereits einige Erfahrungen im Barrel Racing, dank des jährlichen Rodeos in ihrer Heimatstadt. Während des Rodeos konnten Kinder in ihrem Alter am Barrel Racing teilnehmen, und Mia hatte eine bemerkenswerte Erfolgsbilanz. Sie hatte drei Jahre in Folge erstplatzierte Schleifen gewonnen, alles dank ihres treuen Pferdes, Max.

Mia hatte eine unzertrennliche Bindung zu Max und kümmerte sich akribisch um ihn. Sie putzte ihn, kümmerte sich um seine Hufe und überschüttete ihn mit Zuneigung. Heimlich steckte sie ihm sogar zusätzliche Leckerlis zu, worauf Max mit dankbarem Wiehern reagierte. Wenn Mia nicht auf Max aufpasste, übten sie gemeinsam Barrel Racing. Sie waren ein außergewöhnliches Team, und Mia glaubte, dass sie dieses Jahr echte Siegeschancen hatten.

Der Tag des Wettbewerbs kam, und Mia lud aufgeregt Max auf den Anhänger. Doch während sie Max' Bewegungen beobachtete, konnte sie nicht umhin zu bemerken, dass etwas nicht stimmte. Er humpelte auffällig. Besorgnis erfüllte Mias Herz, und sie kniete sich neben ihn. "Was ist los, Junge? Geht es dir gut?" Mia fragte besorgt, ihre Stimme voller Sorge. Max antwortete mit einem leisen, klagenden Wiehern, was Mia noch besorgter machte. Sie inspizierte seine Beine, suchte nach sichtbaren Verletzungen, fand jedoch keine. Entschlossen, Max' Stimmung zu heben, versuchte Mia, ihn zu beruhigen: "Es ist okay, Junge. Heute werden wir strahlen! Ein weiteres Band für dich ist unterwegs!" Sie lächelte ihn an, aber Max' Reaktion war von ängstlicher Aufregung geprägt.

Als Mia in die Stadt ankam, lud sie Max aus, aber ihr bester Freund Gabriel näherte sich ihr mit besorgtem Blick. "Hey, Mia, ich sehe, Max sieht wie immer großartig aus", bemerkte Gabriel. Mia schätzte die Unterstützung ihres Freundes, gab jedoch zu: "Danke, Gabe, aber ich mache mir heute Sorgen um ihn. Er läuft nicht richtig." Gabriel bot Ermutigung an: "Ich bin sicher, er ist nur ein wenig nervös. Geh da raus und gewinne diese Bänder, okay?" Mia nickte anerkennend mit ihrem Cowgirl-Hut und begann mit den Vorbereitungen für das Rennen. Trotz ihrer Entschlossenheit nahm ihr Tag jedoch eine unerwartete Wendung. Mia nahm nicht nur am

Barrel Racing teil, sondern auch an anderen Rodeo-Events wie Bullenreiten und Rindertreiben.

Beim Bullenreiten war Mia nicht besonders geschickt und wurde oft schnell abgeworfen. Dennoch fuhr sie fort, teilzunehmen, weil es sie wie eine echte Cowgirl fühlen ließ. Aber an diesem Tag, als sie abgeworfen wurde, landete Mia hart und spürte eine Welle von Schwindel über sich hinwegziehen. Beim Rindertreiben versuchte Mia, eine Kuh zu lassen, während sie auf Max ritt. Sie drängte ihr Pferd schneller zu galoppieren, aber als sie versuchte, das Seil zu werfen, begann sie sich unsicher zu fühlen. Bevor sie es wusste, brach Max unter ihr zusammen, und Mia schlug schwer auf den Boden auf. Die Menge keuchte geschockt auf.

Mias Familie eilte zu ihr, ihr Vater half ihr aufzustehen, während ihre Mutter ihr eine Tüte mit Eis für den Kopf anbot. "Schatz, geht es dir gut?" fragte ihre Mutter. Mia, noch etwas schwindelig, sah sich hektisch um. "Wo ist Max?"

Sie reckte den Hals, versuchte ihr geliebtes Pferd zu entdecken, und sah, wie er vorsichtig zum Zelt des Tierarztes gebracht wurde. Erleichterung durchströmte sie, und sie rannte zum Zelt, um nach Max zu sehen.

Im Inneren kümmerte sich der örtliche Tierarzt um Max' verletztes Bein. Mia näherte sich dem Tierarzt mit Angst in den Augen. "Doktor, geht es ihm gut?" fragte sie mit zitternder Stimme. Der Tierarzt band Max' Bein und gab Mia ein beruhigendes Lächeln. "Es wird ihm gut gehen. Es ist nur eine leichte Verstauchung. Ihr beiden hattet Glück; es hätte viel schlimmer sein können. Er braucht nur etwas Zeit, um zu heilen, das ist alles." Mia fühlte, wie eine Last von ihrer Brust fiel, und umarmte Max, der sie liebevoll anstupste.

Gabriel stürmte ins Zelt, Aufregung in seiner Stimme. "Mia, das Barrel-Rennen beginnt. Wirst du nicht teilnehmen?" Mia erwog, Max' Seite zu verlassen, um teilzunehmen und möglicherweise ein Band zu gewinnen, aber als sie ihr verletztes Pferd ansah, wusste sie tief im Inneren, dass der Sieg ohne Max, dem Pferd, das ihr treuer Begleiter und Partner in all ihren Abenteuern gewesen war, nicht dasselbe wäre. "Ich denke, ich muss dieses Jahr passen", entschied Mia. "Es gibt immer ein nächstes Jahr, und außerdem würde es sich einfach nicht richtig anfühlen ohne das Pferd, das mir immer hilft zu gewinnen." Sie lächelte Max an, der sie mit Vertrauen und Zuneigung ansah.

Gabriel nickte verständnisvoll, und Mia kehrte zurück, um mit dem Tierarzt über Max' Genesung zu sprechen. Als der Tag zu Ende ging, konzentrierte sich Mias Gedanken ausschließlich darauf, sich um ihr geliebtes Pferd zu kümmern.

Ihr Vater kam zu ihr, während sie Heu schaufelte, und teilte eine herzliche Empfindung mit. "Ich bin stolz auf dich, Mia." Mia schaute ihren Vater verwirrt an. "Warum? Ich habe dieses Jahr nichts gewonnen." Ihr Vater antwortete mit einem warmen Lächeln. "Nein, aber du hast dich dafür entschieden, dich um die Person zu kümmern, die du liebst. Es braucht ein großes Herz, um diese Entscheidung zu treffen." Mia lächelte, ihr Herz voller Liebe für Max. "Danke, Papa."

Verspielte Zauberkunst

Träumst du manchmal davon, etwas Außergewöhnliches zu werden, etwas, das dein Herz vor Aufregung entflammen lässt und deine Gedanken mit einem Sinn für Zweck erfüllt? Nun, in einem ruhigen Dorf, das zwischen sanften Hügeln und duftenden Wiesen eingebettet war, lebte eine junge Zauberin namens Chloe, die einen

Traum in sich trug, der heller brannte als jeder Stern am Nachthimmel.

Chloe hatte sich immer als mächtige Zauberin vorgestellt, die in der Lage war, auf groß angelegte Abenteuer mit loyalen Freunden an ihrer Seite zu gehen. Doch der Weg, ihre Träume zu verwirklichen, war von einer besonderen Herausforderung gesäumt, die ihre Reise alles andere als gewöhnlich machte. Siehst du, Chloes Magie hatte die eigenartige Angewohnheit, völlig schiefzugehen. Egal wie fleißig sie ihre Zauber übte, sie erzeugten stets unbeabsichtigte und komische Ergebnisse.

Ihre erste Begegnung mit diesem frustrierenden Schicksalsschlag ereignete sich, als sie versuchte, Feuer herbeizubeschwören. Anstelle einer flackernden Flamme fand sie sich plötzlich einem eisigen Blizzard gegenüber, der die Dorfbewohner eiligst in ihre Häuser flüchten ließ. Dann, als sie versuchte, Blitzlichter zu beschwören, um die

Laternen des Dorfes zu entzünden, öffnete sich der Himmel mit einem sanften, erfrischenden Regenschauer. Ihre Zauber schienen einen eigensinnigen Willen zu haben.

Trotz dieser Rückschläge blieb Chloe unbeirrt in ihrer Hingabe zu ihren Träumen. Sie verbrachte Stunden um Stunden damit, staubige Zauberbücher zu studieren, Beschwörungen zu üben und ihre Zauberstab-Bewegungen zu perfektionieren. Doch der Ruf fehlerhafter Magie haftete an ihr wie ein hartnäckiger Schatten, und niemand in ihrem Dorf wollte Chloe als ihre Zauberin für Quests wählen.

An einem besonders düsteren Nachmittag, als Chloe am Bach saß und versuchte, das Wasser in kunstvolle Formen zu verwandeln, erklang eine melodische Stimme durch die Luft. Sie gehörte einem wandernden Sänger namens Frederick, dessen gefühlvolle Lieder einen Weg in die Herzen der Zuhörer fanden.

Frederick näherte sich Chloe mit einem warmen Lächeln, seine Gitarre über der Schulter. "Weißt du", begann er, "ich habe Geschichten über deine magischen Missgeschicke gehört, Chloe."

Chloe seufzte, ihre Schultern sanken unter dem Gewicht der Enttäuschung. "Ja, sie sind wahr. Ich scheine meine Magie einfach nicht richtig hinzubekommen, egal wie sehr ich es versuche."

Frederick lachte leise, seine Augen funkelten vor Vergnügen. "Nun, ich habe einen Vorschlag für dich, Chloe. Wie wäre es, wenn du und ich gemeinsam auf eine Quest gehen?"

Chloe blinzelte vor Erstaunen. "Ich? Aber du bist ein Sänger, Frederick, und ich... nun, meine Magie ist höchst unberechenbar."

Fredericks Grinsen wurde breiter. "Genau deshalb möchte ich dich dabei haben. Siehst du, Chloe, ich besitze keinerlei magische Fähigkeiten. Ich verlasse mich ausschließlich auf meine Gitarre und die Kraft eines guten Liedes, um mich durch die Herausforderungen des Lebens zu führen. Aber ich glaube an dich, und ich denke, gemeinsam können wir etwas wirklich Bemerkenswertes erreichen."

Berührt von seinem Glauben an sie, stimmte Chloe zögerlich Fredericks Vorschlag zu. Und so begannen sie eine Quest, die den Verlauf von Chloes Leben für immer verändern sollte.

Ihre Reise war natürlich nicht ohne ihre Herausforderungen. Chloes Magie spielte weiterhin verrückt, und sie verwandelte versehentlich einen Felsbrocken in eine riesige Wassermelone, als sie versuchte, ihn von ihrem Weg zu bewegen. Doch Fredericks unerschütterliche Ermutigung und grenzenlose Weisheit inspirierten Chloe dazu, anders über ihre Fähigkeiten nachzudenken.

Während sie durch dichte Wälder wanderten und gefährliche Flüsse überquerten, schlug Frederick vor, dass Chloe ihren einzigartigen Ansatz zur Magie annehmen sollte, anstatt sich strikt an die Zaubersprüche in ihrem Buch zu halten. "Deine Magie folgt vielleicht nicht den Regeln", sagte er, "aber das bedeutet nicht, dass sie nicht auf ihre eigene Weise außergewöhnlich sein kann."

Mit Fredericks Anleitung begann Chloe, mit ihrer Magie zu experimentieren und Zaubersprüche zu erschaffen, die ganz allein ihr gehörten. Sie lernte, ihre Magie anzupassen, um Hindernisse zu überwinden, und allmählich wuchs ihr Selbstvertrauen.

In einem entscheidenden Moment ihres Abenteuers trafen sie auf einen bedrohlichen Troll, der eine Schatztruhe bewachte, die sie benötigten, um ihr Ziel zu erreichen. Entschlossen, sich zu beweisen, konzentrierte Chloe all ihre Energie darauf, einen Zauber zu erschaffen, der die Kraft von Fredericks Gitarre verstärken sollte. Mit einem kraftvollen Akkord und einem Lichtblitz wurde der Troll von einer blendenden Magie umhüllt, und die beiden Freunde gingen siegreich daraus hervor.

Mit ihrem neu gewonnenen Mut und ihrer Entschlossenheit öffneten Chloe und Frederick schließlich die Schatztruhe. Sie funkelte mit Gold und Edelsteinen, als Zeugnis ihres unerschütterlichen Glaubens an einander und ihrer einzigartigen Talente.

Als sie in ihr Dorf zurückkehrten, die Herzen voller Triumph, erkannte Chloe, dass sie ihren eigenen magischen Stil entdeckt hatte. Sie verbesserte weiterhin ihre Magie und schuf Zaubersprüche, die jegliche Konvention übertrafen und alle, die sie sahen, in Staunen versetzten. Sie und Frederick gingen auf weitere Abenteuer, von denen jedes einzelne bemerkenswerter war als das vorherige.

Wellen der Entschlossenheit

Im Verlauf dieses Buches haben Sie viele Geschichten über Mut, Freundschaft und Heldentum erlebt. Was denken Sie, haben Sie bisher gelernt? Welche war Ihre Lieblingsgeschichte? Sie alle vermitteln wundervolle Lektionen, aber es gibt noch eine

Geschichte, die Sie hören müssen. Das ist die Geschichte von Bella und der Welle von Olivia.

Bella war eine junge Surferin, die am Meer lebte, und sie hatte einen Traum, der jeden ihrer wachen Momente bestimmte: die größte Welle der Welt zu reiten, bekannt als die Welle von Olivia. Die Legende von Olivia war eine, die in ihrer Küstenstadt über Generationen weitergegeben worden war. Olivia war ein Mädchen aus alten Zeiten, das sich danach gesehnt hatte, die Ozeane der Welt zu befahren, aber ihre Familie hielt es für zu gefährlich. Ihr wurde nie erlaubt, ihren Traum zu verwirklichen, und er hatte sie bis ans Ende ihrer Tage verfolgt.

Als Olivia starb, hieß es, dass ihr Geist in Form einer riesigen Welle zurückkehrte, eine Welle so kolossal, dass sie nur von den mutigsten Surfern geritten werden konnte. Diejenigen, die es wagten, die Welle von Olivia zu reiten, konnten ihren Geist darin sehen und würden die Seele des Ozeans selbst erleben.

Bellas Onkel, selbst ein alter und erfahrener Surfer, erzählte ihr oft die Geschichte von Olivia und der großartigen Welle. Er beschrieb, wie der Geist von Olivia auf der Spitze der Welle tanzte, ihr Gelächter im Meeresspray widerhallte. Bella war von dieser Geschichte fasziniert, und seit sie ein Kind war, träumte sie von nichts anderem als davon, die Welle von Olivia zu reiten.

Mit zunehmendem Alter vertiefte sich Bellas Leidenschaft fürs Surfen. Sie verbrachte unzählige Stunden damit, ihre Fähigkeiten zu verbessern, eine Welle nach der anderen zu reiten, immer mit dem Bild von Olivias Welle in ihrem Kopf. Sie wusste, dass es eine gefährliche Unternehmung war, und viele rieten ihr davon ab, aber Bella ließ sich nicht abschrecken. Sie glaubte, dass sie, wenn sie die Welle von Olivia bezwingen könnte, etwas wirklich Außergewöhnliches erreichen würde.

An einem schicksalhaften Morgen waren Bella und ihr Onkel draußen im Meer und warteten auf die perfekte Welle. Der Himmel strahlte in einem herrlichen Blau, und die Sonne glänzte auf der Wasseroberfläche. Bella spürte eine Art Vorfreude in der Luft, als ob der Ozean selbst ihr etwas zuflüsterte.

Dann geschah es. Eine riesige Welle begann am Horizont zu entstehen, wurde mit jeder Sekunde größer und größer. Bellas Herz raste vor Aufregung und Angst. Könnte das die legendäre Welle von Olivia sein?

Aber als die Welle näher kam, überwältigte Bellas Angst ihre Aufregung. Sie war enorm, weit größer als jede Welle, die sie je gesehen hatte. Sie zögerte und überlegte, sich wie viele vor ihr vom Wegpaddeln in Sicherheit zu bringen. Sie spürte, wie die Angst sie ergriff und sie lähmte.

Dann erinnerte sie sich an die Geschichten, die ihr Onkel ihr erzählt hatte. Sie erinnerte sich an die Träume, die sie seit ihrer Kindheit genährt hatte. Sie wusste, dass dies vielleicht ihre einzige Chance war, ihren lebenslangen Traum zu erfüllen, die Welle von Olivia zu reiten.

Mit neuer Entschlossenheit drehte Bella ihr Brett und begann, auf das riesige Ungetüm zuzupaddeln. Ihre Arme brannten vor Anstrengung, als sie kämpfte, um die Spitze der Welle zu erwischen. Es schien sich aufzurichten wie ein lebendiges Wesen, bereit, sie zu verschlingen.

Gerade als Bella von der Welle verschluckt zu werden drohte, schaffte sie es, sie zu erwischen. Sie spürte einen Adrenalinschub, als sie die kolossale Welle ritt, ihr Herz pochte in ihrer Brust. Die Kraft des Ozeans war überwältigend, und für einen Moment fühlte sich Bella an, als könnte sie von ihm verschlungen werden.

Doch dann geschah etwas Unglaubliches. Als Bella die Welle von Olivia ritt, spürte sie eine Präsenz neben sich. Es war, als ob eine Hand aus der Welle selbst herausreichte, sie führte und sie beschützte. Sie konnte eine schwache, ätherische Figur in der Welle sehen, ein Mädchen mit langen, fließenden Haaren und einem Lächeln, das ihr Herz erwärmte. Es war Olivia.

Olivias Geist tanzte in der Welle, und Bella konnte ihr Lachen mit dem Rauschen des Ozeans vermischen hören. Es war eine magische und surreale Erfahrung, wie nichts, was Bella sich je vorgestellt hatte.

Olivia winkte Bella zu folgen, und Bella, die immer noch auf der Welle ritt, fand sich dabei, tiefer ins Meer gezogen zu werden. Als sie abtauchte, sah sie die wahre Schönheit des Ozeans. Lebendige Korallenriffe erstreckten sich vor ihr, voller bunter Fische und exotischer Kreaturen. Sonnenstrahlen drangen durch das Wasser, und es entstand ein faszinierendes Spiel von Licht und Schatten.

Olivia schwamm neben Bella und zeigte ihr die Wunder der Unterwasserwelt. Sie glitten an alten Schiffswracks vorbei, wo Fischschwärme in den skelettartigen Überresten hin- und herhuschten. Bella staunte über den zarten Tanz einer Meeresschildkröte und die anmutigen Bewegungen eines majestätischen Mantarochens.

Olivias Stimme flüsterte in Bellas Gedanken und sagte ihr, dass sie die Seele des Ozeans erlebte, eine Sicht, die nur wenigen Menschen vergönnt war. Bella fühlte eine tiefe Verbindung zum Meer, als hätte es ihr sein Herz geöffnet.

Schließlich begann Bella, wieder zur Wasseroberfläche aufzusteigen, getragen von der Welle von Olivia. Sie kam aus dem Wasser, keuchend nach Luft ringend, ihr Herz pochte immer noch vor Aufregung über die Fahrt. Sie hatte nicht nur von der Erfahrung geträumt; sie hatte tatsächlich die legendäre Welle geritten und Olivia selbst getroffen.

Als Bella zurück zum Ufer paddelte, wurde sie von ihrem Onkel begrüßt, der voller Ehrfurcht zugesehen hatte. Tränen der Freude stiegen in seine Augen, als er seine Nichte umarmte. Bella hatte etwas geschafft, das viele für unmöglich hielten. Sie hatte die Welle von Olivia geritten und war zurückgekehrt, um davon zu erzählen. Die Legende von Bellas Ritt auf der Welle von Olivia verbreitete sich in der Küstenstadt und inspirierte andere, ihren eigenen Träumen mit unerschütterlicher Entschlossenheit nachzugehen.

Bellas Mut und Fähigkeitgkeit wurden zum Symbol der Hoffnung für jene, die es wagten, ihren Zielen nachzujagen, egal wie überwältigend sie auch sein mochten.

Letztendlich lehrt uns Bellas Geschichte, dass kein Traum zu groß ist, um erobert zu werden, keine Welle zu massiv, um geritten zu werden. Sie erinnert uns daran, dass die größten Abenteuer oft jenseits unserer Komfortzone liegen und die außergewöhnlichsten Momente im Leben diejenigen sind, die uns dazu zwingen, unsere Ängste zu überwinden.

Also, während Sie über die Geschichten nachdenken, die Sie gehört haben, denken Sie an Bella und ihre unglaubliche Reise. Lassen Sie sich von ihr inspirieren, Ihren eigenen Träumen nachzujagen, die Wellen des Lebens mit Mut und Entschlossenheit zu reiten und niemals Angst zu haben, tief ins Unbekannte vorzudringen, denn dort könnten Sie die wahre Schönheit und Seele Ihrer eigenen Existenz entdecken.

Epilog

Auf diesen Seiten bist du auf mutige junge Mädchen gestoßen, die ihre Träume in greifbare Erfolge verwandelt haben. Genauso wie sie besitzen auch deine Träume ihre eigenen einzigartigen und beeindruckenden Eigenschaften. Du verfügst über den notwendigen Mut, die Stärke und besondere Merkmale, um deine Leidenschaften zu verfolgen.

Habe Vertrauen in dich selbst, denn du bist außergewöhnlich. Deine Träume dienen als Weg zu deiner Größe. Nimm dir einen Moment Zeit, um über deine Ziele nachzudenken und teile sie mit der Welt; indem du dies tust, kannst du auch andere inspirieren.

Du bist ein Kunstwerk im Werden. Akzeptiere deine Individualität, habe uneingeschränktes Vertrauen in deine Fähigkeiten und sieh zu, wie deine Träume Gestalt annehmen.

Printed in France by Amazon
Brétigny-sur-Orge, FR

17692267R00045